MW01537050

This Book Belongs To:

____

Copyright Material

Copyright Material

Copyright Material

Copyright Material

Copyright Material

Copyright Material

Copyright Material

Copyright Material

Copyright Material

Copyright Material

Copyright Material

Copyright Material

Copyright Material

Copyright Material

Copyright Material

Copyright Material

Copyright Material

Copyright Material

Copyright Material

Copyright Material

Copyright Material

Copyright Material

Copyright Material

Copyright Material

Copyright Material

Copyright Material

Copyright Material

Copyright Material

Copyright Material

Copyright Material

Copyright Material

Copyright Material

Copyright Material

Copyright Material

Copyright Material

Copyright Material

Copyright Material

Copyright Material

Copyright Material

Copyright Material

Copyright Material

Copyright Material

Copyright Material

Copyright Material

Copyright Material

Copyright Material

Copyright Material

Copyright Material

Copyright Material

Copyright Material

Copyright Material

Copyright Material

Copyright Material

Copyright Material

Copyright Material

Copyright Material

Copyright Material

Copyright Material

Copyright Material

Copyright Material

Copyright Material

Copyright Material

Copyright Material

Copyright Material

Copyright Material

Copyright Material

Copyright Material

Copyright Material

Copyright Material

Copyright Material

Copyright Material

Copyright Material

Copyright Material

Copyright Material

Copyright Material

Copyright Material

Copyright Material

Copyright Material

Copyright Material

Copyright Material

Copyright Material

Copyright Material

Copyright Material

Copyright Material

Copyright Material

Copyright Material

Copyright Material

Copyright Material

Copyright Material

Copyright Material

Copyright Material

Copyright Material

Copyright Material

Copyright Material

Copyright Material

Copyright Material

Copyright Material

Copyright Material

Copyright Material

Copyright Material

Copyright Material

Copyright Material

Copyright Material

Copyright Material

Copyright Material

Copyright Material

Copyright Material

Copyright Material

Copyright Material

Made in the USA
Las Vegas, NV
26 November 2023

81522620R00066